El nacimiento de una leyenda

Theresa Marrama

Copyright © 2021 Theresa Marrama

Cover art by Sumit Roy

Interior art by Sumit Roy

All rights reserved.

No part of this publication may be reproduced, stored in a retrieval system, or transmitted, in any form or by any means (electronic, mechanical, photocopying, recording or otherwise), without the prior written permission from Theresa Marrama.

ISBN: 978-1-7350278-8-3

Everything negative – pressure, challenges – is all an opportunity for me to rise.

– Kobe Bryant

A Note to the Reader

This is a short biographical account of Kobe Bryant's life based on various sources, including books about his life, recorded interviews, as well as numerous internet sites. It was inspired by his determination, success, and tragedy, all of which are a part of his legacy.

I hope that you enjoy the story, learning how Kobe's early years sparked the passion and dedication that led him to break records from his very first moment in the NBA.

ÍNDICE

Prólogo 1

Capítulo 1 3

Capítulo 2 7

Capítulo 3 11

Capítulo 4 17

Capítulo 5 22

Capítulo 6 27

Capítulo 7 34

Capítulo 8 40

Capítulo 9 44

Capítulo 10 52

Epilógo 59

Glosario 61

ACKNOWLEDGMENTS

A big **MUCHAS GRACIAS** to the following people: Jennifer Degenhardt and Andrea Dima Giganti. Not only did you provide great feedback, but you never hesitate to read my stories or edit my work.

Muchas gracias to my students who inspired me to write this story.

Prólogo

Cuando pensamos en los atletas profesionales de los Estados Unidos, pensamos en Kobe Bryant. ¡**Era**[1] un jugador muy bueno de básquetbol! Kobe Bryant era uno de los atletas profesionales estadounidenses famosos en el mundo. A mucha gente le gusta Kobe Bryant. A los jóvenes les gusta Kobe Bryant. A los adultos les gusta Kobe Bryant. A los otros atletas les gusta Kobe Bryant también. A otros atletas famosos les gusta Kobe Bryant. **Fue**[2] un atleta

---

1 era - he was
2 fue - he was

muy talentoso y **decidido**[3]. Era un atleta muy diferente de los demás. Aquí está su historia.

---

3 decidido - determined

Capítulo 1

—¡Kobe! ¡Kobe Bean! ¡Tu padre está en la televisión! ¿Vas a ver el partido? —su madre le grita.

Kobe está afuera. **Siempre**[4] está afuera. Siempre está afuera porque juega al básquetbol. Le gusta jugar al básquetbol. ¡El básquetbol es su deporte favorito!

Kobe no le responde a su madre. **Sigue**[5] jugando al básquetbol.

—¡KOBE! ¡Tu padre juega al básquetbol! ¿quieres mirar conmigo? —repite su madre.

—¡Está bien, mamá! ¡Ya voy! —grita Kobe.

---

4 siempre - always
5 sigue - he continues

Finalmente, Kobe deja de jugar al básquetbol.

Corre a la casa. Quiere ver el partido de su padre. Ve todos sus partidos.

—Mamá, ¿vas a ver el partido de básquetbol? —pregunta Kobe.

—Sí, voy en un minuto —responde su madre.

Kobe está feliz. Está feliz de ver el partido de básquetbol. Le gusta ver a su padre en la televisión. Su padre es famoso. Es muy buen jugador de básquetbol.

Kobe es de Estados Unidos. Es de Pensilvania. Pensilvania es un **estado**[6] que está en el este de los **Estados Unidos**[7].

Pero, en ese momento, Kobe vive en Italia con su familia. El nombre de su padre es Joe. Su padre es muy atlético. Jugaba al básquetbol en la NBA. Ahora juega en la liga profesional de Italia.

---

6 estado - state
7 Estados Unidos - United states

Capítulo 2

—Kobe Bean, ¿quieres jugar al básquetbol profesional como tu padre? — pregunta su madre.

—¡Sí, mamá! ¡ABSOLUTAMENTE! — responde Kobe.

Kobe es su primer nombre. Bean es su **segundo nombre**[8].

—¿Papá tiene un partido en la televisión? —pregunta su hermana, Shaya.

---

8 segundo nombre - nickname

Kobe tiene dos hermanas, Shaya y Sharia. Shaya tiene 8 años. Sharia tiene 9 años. Kobe es el menor de la familia. Tiene 7 años.

—Sí, papá tiene un partido. ¿Quieres ver el partido conmigo? —pregunta Kobe.

Shaya mira a Kobe en el sofá.

—Sí. ¿Juega contra un buen **equipo**[9]? — pregunta Shaya.

—No lo sé, pero papá va a **ganar**[10]. ¡Su equipo es fantástico! —dice Kobe.

---

9 equipo - team
9 ganar - to win

Kobe sabe mucho de básquetbol. Solo tiene siete años, pero entiende bien el básquetbol. Sabe todo sobre el básquetbol.

Kobe ve todo el partido. Cuando el partido termina, Kobe está contento porque su padre ganó. Quiere ir afuera y jugar al básquetbol, pero su mamá quiere que él se quede en la casa con sus hermanas. En secreto, va afuera. **Salta del balcón** [11] de su casa. Corre **a la cancha**[12] que está **cerca de la iglesia**[13] para jugar al básquetbol. Su madre no sabe que va en secreto a la cancha.

---

11 salta del balcón - jumps from the balcony
11 a la cancha - to the court
12 cerca de la iglesia - near the church

Capítulo 3

El padre de Kobe llega a casa.

—Hola Pam, le dice su padre a su madre.

El nombre de la madre de Kobe es Pam. Ella es estricta. Su padre no es estricto. Pero la madre, sí, es estricta.

—Hola Joe, ¡buen partido! —le dice su esposa.

—Gracias, —responde el padre.

—¡Kobe, tu padre está aquí! —grita su madre.

Kobe no responde. Kobe está en la cancha. Todavía está jugando al básquetbol.

—¿Pero dónde está Kobe? —pregunta su madre.

—¿Está en la cancha? A veces salta en secreto del balcón y corre a la cancha para jugar al básquetbol —dice su padre.

Su madre no está contenta. Ella va al balcón. Ella mira la cancha cerca de la iglesia. Kobe está allí. Juega al básquetbol. Le grita «¡Kobe!» Finalmente, después de cinco minutos, Kobe regresa a casa.

—Kobe, no vayas a la cancha en secreto. Es peligroso. Es muy peligroso —dice su madre.

—Pero, mamá, quiero jugar al básquetbol. Voy a la cancha a jugar al básquetbol. No es peligroso —le responde Kobe.

—Sí, sé que quieres jugar al básquetbol, pero necesitas pedir permiso para salir de casa —dice su madre.

—Está bien, mamá —responde Kobe.

Mira a su padre y habla del partido. Kobe siempre habla de los partidos de su padre cuando su padre llega a casa. Le gusta hablar de básquetbol. Su padre sabe mucho de básquetbol. Es un jugador de básquetbol con mucha experiencia. **Jugaba**[14] en la NBA para los *"76ers"* de Filadelfia. Es famoso. Kobe quiere ser jugador profesional como su padre.

---

14 jugaba - he used to play

Capítulo 4

Es lunes, y Kobe va a la escuela. Kobe no tiene muchos amigos en la escuela. No habla con mucha gente. Vive en Italia, pero no sabe hablar italiano.

—**Buongiorno. Come stai oggi?** [15] — pregunta el profesor.

Kobe está nervioso. Le gusta Italia. Le gusta su casa. Le gusta la escuela en general. Pero la escuela en Italia es difícil. Es difícil porque no habla italiano. Habla inglés. Puede hablar inglés. No puede hablar italiano.

—**Ciao. Bene. Grazie**[16]. —dice Kobe.

Kobe escucha mucho el italiano **día tras día**[17]. Escucha el italiano en la escuela.

---

15 Buongiorno. Come stai oggi? - Good morning. How are you today?
16 Ciao. Bene. Grazie - Hi. Fine. Thanks.
17 día tras día - day after day

Escucha el italiano en la televisión. Escucha mucho italiano. Poco a poco comienza a hablar, pero es difícil para él. Practica su italiano en la escuela. Practica el italiano en casa con su familia. Y poco a poco, practica su italiano con sus amigos en la cancha.

En Italia, a los otros niños les gusta jugar al fútbol. El deporte más popular en Italia no es el básquetbol. El deporte más popular en Italia es el fútbol. El fútbol es un deporte muy popular en Europa. El fútbol es más popular en Europa que en los Estados Unidos. Kobe juega al fútbol con los demás. Juega mucho al fútbol, pero también juega mucho al básquetbol.

Después de la escuela, Kobe quiere jugar al básquetbol. Entra en su casa y dice:

—¡Mamá, iquiero jugar al básquetbol en la cancha!

—Un momento, Kobe. Quiero hablarte de la escuela. ¿Todo va bien en la escuela? — pregunta su mamá.

—Es difícil, mamá. No puedo hablar italiano. El profesor es agradable. Los otros estudiantes son agradables, pero no tengo **amigos** —le explica Kobe.

—Oh, Kobe, sé que es difícil para ti. **Tampoco** [18] puedo hablar italiano. También es difícil para mí. Vas a seguir

---

18 tampoco - neither

escuchando el italiano. ¡**Pronto**[19] vas a hablar en italiano! —le dice su madre.

—Sí, lo sé, mamá. Estoy decidido a hablar italiano. ¡Amo Italia! ¿Puedo jugar al básquetbol? —le pregunta a su madre.

—Sí, Kobe, puedes jugar al básquetbol.

---

19 pronto - soon

Capítulo 5

¡Kobe! —grita su mamá.

—¿Sí, mamá? —responde Kobe.

—¡llegó un **paquete**[20] de los Estados Unidos para ti! —anuncia su mamá.

Kobe sabe exactamente por qué hay un paquete de los Estados Unidos. Es un paquete de su abuelo. Su abuelo ve los partidos de básquetbol en la televisión. Él **graba**[21] los partidos para Kobe. A Kobe le gusta ver los partidos de la NBA. Ve los videos muchas veces. Ve los videos para

---

19 paquete - package
21 graba - records

memorizar los movimientos de los jugadores profesionales. Luego, copia los movimientos de los jugadores.

—Mamá, ¿dónde está el paquete? —le pregunta Kobe, impaciente.

—El paquete está en el sofá —su madre responde.

Kobe corre al sofá. Corre al sofá y ve el paquete. Sabe que hay videos de partidos de la NBA en el paquete.

—¡Bravo, mamá! ¡Es otra caja de videos de mi abuelo! —grita Kobe, muy emocionado.

—Tu abuelo es muy amable, Kobe. Sabe que te gustan los partidos de la NBA — dice su madre.

Kobe mira los videos. Está feliz de ver básquetbol. Le gusta ver a los atletas famosos. Le gusta ver a los atletas **como** [22] Michael Jordan. Quiere ser como Michael Jordan. Algún día quiere jugar en la NBA con Michael Jordan.

*****

Durante sus primeros años en Italia, lo más grande para Kobe no son los partidos profesionales en la televisión o los videos de los partidos de la NBA de su abuelo. Después de todo, el padre de Kobe es un jugador profesional de básquetbol en la liga italiana. A Kobe le

---

22 como - like

gusta ir a la cancha de básquetbol con su padre y mirar las prácticas de su equipo. Él pasa mucho tiempo en la cancha de básquetbol con jugadores profesionales de básquetbol. Pero mirar a los jugadores profesionales que juegan al básquetbol no es la misma cosa que jugar con jugadores talentosos. Y en Italia, no hay muchos jóvenes que juegan tan bien como Kobe. Y esto es un problema.

Capítulo 6

Kobe sigue practicando en la cancha cerca de la Iglesia. Sigue aprendiendo italiano en la escuela y el tiempo sigue pasando. Pasa un año, y otro, y otro más.

Un día, después de la escuela, Kobe está en su casa. Está practicando su italiano. Practica el italiano con su hermana Sharia y su hermana Shaya. Todas las tardes, Kobe practica el italiano con sus hermanas.

En ese momento, cuando practica el italiano con sus hermanas, su padre dice:

—¡Kobe Bean!

—¿Sí, papá?

—Hay una liga de básquetbol para chicos de tu edad. Tienes 10 años y puedes jugar en la liga. ¿Quieres jugar? Es una buena oportunidad para jugar con los otros chicos. También puedes hablar en italiano.

—¡Papá! ¡Una liga de básquetbol para chicos! SÍ, *¡OVVIAMENTE!*[23] ¡Quiero jugar! —grita Kobe, muy emocionado.

Cuando llega el día de su primera práctica con la liga, Kobe está superemocionado. Kobe entra al gimnasio e inmediatamente él ve que es

---

23 ovviamente - italian for "obviamente" or obviously

el chico más grande de su equipo. Pero no es importante para Kobe. Puede jugar básquetbol con los otros y él está contento, muy contento.

El padre de Kobe lo ve jugar con los otros chicos en la liga. Su padre piensa que Kobe no es como otros chicos de su edad. Es único. No juega al básquetbol como otros chicos. Juega muy bien al básquetbol. Juega al básquetbol **mejor**[24] que los otros chicos

---

24 mejor - better

de la liga. Es evidente que es el más talentoso de su equipo y de la liga.

Un día después de la práctica de Kobe con la liga de básquetbol, su padre habla con su madre. Le dice:

—Pam, Kobe es un buen jugador de básquetbol, muy bueno para su edad.

—Joe, él juega al básquetbol día tras día. No hace nada más.

—Sí, y tiene mucho talento. Kobe no es como otros chicos de su edad aquí en Italia. Se toma en serio el juego de básquetbol. Es más talentoso que los otros chicos de la liga.

—Es igual a su padre —dice la madre de Kobe, con una sonrisa.

Kobe continúa jugando en la liga italiana. Juega por dos años en Italia. Cada verano va a los Estados Unidos para jugar en otra liga, más competitiva. A Kobe le gustan la liga y la competición. A Kobe le gusta jugar al básquetbol en los Estados Unidos. En Italia no hay muchas ligas de básquetbol para jóvenes. Sin embargo, cuando Kobe juega en los Estados Unidos, no logra hacer ni un solo tanto en la Liga Estadounidense en todo el verano. Kobe es un buen jugador, pero la liga de Estados Unidos es mucho más competitiva que la de Italia y los otros jugadores son mejores que los de la liga de jóvenes de Italia.

En 1991, cuando Kobe tiene 12 años, su padre tiene un anuncio importante: él va a jubilarse de la liga profesional de básquetbol en Italia y la familia Bryant va a regresar a los Estados Unidos.

Capítulo 7

Kobe tiene 13 años cuando regresa con su familia a Filadelfia, Pensilvania, en 1991. Regresa a la escuela estadounidense. Sus dos hermanas también regresan a la escuela. Pero sus hermanas no tienen problemas cuando ellas regresan a la escuela en Filadelfia. A Kobe le gusta la escuela, pero Kobe tiene problemas.

Un día después de la escuela habla con su hermana Sharia:

—Sharia, entiendo inglés, pero no entiendo a mis **compañeros de clase**! [25] Entiendo inglés, pero no entiendo sus expresiones —llora Kobe.

—Kobe, es **la jerga** [26] de los jóvenes — explica su hermana Sharia. Es como con el italiano: si tu escuchas bien y prestas atención, vas a comprender.

—Y todos miran mi ropa y hacen comentarios. ¡Piensan que soy extraterrestre!

---

25 compañeros de clase - classmates
26 jerga - slang

—¡Pero no, Kobe Bean! Es solo porque la ropa en Italia es diferente —responde Sharia.

—Y cuando hablo italiano, todo el mundo se ríe —dice Kobe, frustrado.

—¡Pobre Kobe! En Italia, eres demasiado estadounidense y en Estados Unidos, eres demasiado italiano.

Pero en una actividad Kobe es muy estadounidense: ¡el básquetbol! Cuando juega al básquetbol no está frustrado. ¡Cuando juega al básquetbol, los otros estudiantes comprenden que él es completamente estadounidense!

Finalmente, cuando va al colegio, Kobe va a la escuela secundaria Lower Merion, cerca de Filadelfia. Su padre también **fue** [27] a la escuela secundaria Lower Merion cuando era joven. Kobe juega en el equipo de básquetbol del colegio. Continúa entrenando todos los días. Entrena cuando llega a casa después del **entrenamiento** [28] de básquetbol del colegio.

Un día, Kobe está jugando al básquetbol en casa cuando su padre le dice:

—Kobe, hay una liga de básquetbol. La liga se llama Amateur Athletic Union. Los

---

27 fue - went
28 entrenamiento - practice

equipos van a otras ciudades para jugar contra otros equipos. Hay mucha competencia buena. Pienso que es una buena idea jugar en esta liga. Es importante tener más experiencia con los jugadores más competitivos. Más experiencia jugando al básquetbol es lo mejor —dice su padre.

—¡Sí, quiero jugar en la liga, claro! —dice Kobe, entusiasmado.

Capítulo 8

Kobe continúa jugando en la escuela y en la liga AAU. Después de un tiempo, es cada vez más obvio que Kobe tiene un talento distinto al de otros chicos de su edad. Para Kobe, es importante **mejorar**[29]. No quiere ser bueno. ¡Quiere ser el mejor! Día tras día, Kobe mejora. Está determinado a mejorar.

En 1995, Kobe está en **el último año**[30] de la escuela secundaria Lower Marion. Todo va bien para Kobe. Tiene 17 años. Es el mejor jugador de básquetbol de su

---

29 mejorar - to improve
30 el último año - the last year

edad **de todo el país**[31]. Puede ir a la universidad de su elección: la Universidad de Duke quiere que Kobe esté en su equipo. La Universidad de Kansas quiere a Kobe en su equipo. Muchas otras universidades también quieren a Kobe.

Un día, su padre le dice:

—Kobe, tienes muchas ofertas. Hay muchas universidades que están interesadas en tu talento.

---

31 De todo el país - in the whole country

Kobe mira a su padre, con una expresión seria en su rostro. Es la misma mirada que tiene cuando juega al básquetbol.

—Sí, sé lo que quieres decir. Es una gran decisión que debo tomar —dice Kobe.

—¿Entiendes que eres el mejor jugador de tu edad en todo el país? —pregunta su padre.

Kobe no responde, pero lo entiende. Su padre sigue hablando:

—Todas las universidades del país te quieren, Kobe. Puedes ir a la universidad que quieras. Eres talentoso e inteligente.

Tienes **buenas notas**[32]. ¿Sabes a qué universidad quieres ir?

Kobe Piense: «Yo sé que mi papá piensa... «Es *buena idea ir a la universidad para tu educación"*, pero yo no quiero estudiar, quiero jugar al básquetbol. Yo soy buen jugador de básquetbol. Yo pienso que soy un buen jugador de básquetbol, para la NBA.»

Kobe mira a su padre y dice muy seriamente:

—Papá, no quiero ir a la universidad. Quiero ir a la NBA. Quiero ser un jugador de básquetbol profesional como tú.

---

32 Buenas notas - good grades

Quiero jugar en la NBA. Esa es mi decisión.

Capítulo 9

En abril de 1996 Kobe va a anunciar su decisión. Es un momento importante para Kobe, pero está nervioso. Está muy nervioso. Solo tiene 17 años y es una gran decisión para Kobe.

Todo el mundo quiere saber de su decisión. Todo el mundo está en el gimnasio de su escuela secundaria, la escuela secundaria Lower Merion.

—¿Cómo estás, Kobe? ¿Estás nervioso? — su hermana le pregunta.

—Ugh, eh... Estoy bien —responde Kobe.

Kobe está nervioso. Kobe tiene que tomar una decisión increíble y en frente de muchas personas.

Es increíble, cuando juega al básquetbol en frente de muchas personas, Kobe no está nervioso, pero está muy nervioso por hablar enfrente de todo el mundo en el gimnasio en este momento. Ahí está su familia. Ahí están sus amigos. Hay periodistas. Hay fotógrafos. Hay muchos otros estudiantes y muchos otros padres.

Finalmente, Kobe anuncia:

—Sé que todos quieren saber mi decisión.

Todas las personas esperan. Hay un silencio enorme en el gimnasio. Kobe observa a todos.

Kobe piensa «Necesito anunciarlo.»

—**He decidido**[33] que... no voy a jugar en la universidad.

Kobe tiene una sonrisa porque él tiene una sorpresa más.

—¡Voy a jugar en la NBA!

Hay una explosión de gritos y alegría. Hay una explosión de aplausos. Kobe está feliz con su decisión, muy feliz.

---

33 he decidido - have decided

Kobe mira a todo el mundo en el gimnasio.

Kobe escucha a unas personas. Ellas preguntan ¿Es demasiado joven para jugar en la NBA?

En este momento Kobe se pregunta: «¿Soy demasiado joven para jugar en la NBA? ¿Tengo suficiente experiencia para jugar en la NBA?»

Pero sus padres y sus entrenadores saben que Kobe tiene el talento suficiente para jugar en la NBA. Sus padres y sus entrenadores saben que Kobe es decidido y serio y que quiere jugar en la NBA.

*****

Antes de la selección en junio de 1996, Kobe habla con su entrenador. Su entrenador pregunta:

—¿Estás **listo**[34]?

—Estoy listo. Nervioso, pero listo – responde Kobe. -Solo quiero jugar bien durante las **pruebas**[35].

Finalmente, el momento de la selección llega. Kobe va a saber dónde va a jugar:

"Los Charlotte Hornets seleccionan a:

---

34 listo - ready
35 pruebas - tryouts

... KOBE BRYANT!".

Kobe tiene una sonrisa enorme. ¡Es oficial! ¡Es un jugador profesional de la NBA! Es **un sueño hecho realidad**[36].

Pero, minutos después, hay otro anuncio:

«Los Hornets de Charlotte quieren cambiar de jugador.»

Kobe no sabe qué pasa. "¿Adónde voy a jugar?" piensa.

El hombre continúa el anuncio:

"¡Kobe Bryant va a jugar para los Lakers de Los Ángeles!"

---

36 un sueño hecho realidad - a dream come true

Kobe piensa: «¡Es oficial! ¡Soy jugador de la NBA! Estoy listo. Voy a ser el mejor.»

Capítulo 10

Durante su **primer mes**[37] en la NBA, Kobe no está de lo mejor. En realidad, Kobe practica con su equipo, pero no juega en los partidos contra los otros equipos en la NBA. Kobe no comprende qué ocurre.

Un día está en casa. Piensa en sus primeros meses en la NBA. No comprende porque no es el mejor jugador en su equipo. Tiene muchas preguntas:

---
[37] **primer mes** - first month

¿Por qué no juego mucho?

¿El entrenador piensa que soy demasiado joven? ¿Y que hay otros jugadores con más experiencia?

Kobe toma otra decisión importante. Decide mejorar. quiere jugar más al básquetbol.

Kobe dice:

—Voy a practicar más. Voy a jugar más. Voy a mejorar.

Entrena todos los días con el equipo y entrena solo también.

Cuando no está en la práctica oficial, no pasa mucho tiempo con su equipo. No pasa mucho tiempo con los otros jugadores. Está solo. Pasa mucho tiempo practicando solo y mirando videos de básquetbol. Es una vida solitaria.

Un día Kobe habla con su padre y le pregunta:

—Papá, la NBA es mi sueño, pero no juego mucho en los partidos. Quiero jugar. No quiero mirar los partidos —dice Kobe.

—Lo entiendo, Kobe, pero eres joven. Es importante tener paciencia. Vas a jugar. Ten paciencia. Practica más.

—Está bien, papá. Continúaré practicando mucho —dice Kobe.

—¿Te gustan los otros jugadores de tu equipo? ¿Tienes buenos amigos en el equipo? —le pregunta su padre.

—No paso mucho tiempo con los otros jugadores del equipo después de la práctica. No tengo tiempo. Practico y miro videos de básquetbol lo más posible. Sé que no tengo mucha experiencia en la NBA, pero continúo practicando —dice Kobe.

—Está bien. Pero, es importante pasar tiempo con tu equipo y los otros jugadores, no solo durante la práctica.

Eres parte de este equipo, **aunque**[38] tú no juegues en cada partido —dice su padre.

—Ok, papá. Voy a tratar.

Después de poco tiempo, Kobe se adapta a la vida en la NBA. Kobe empieza a jugar mejor.

Un día hay una conversación entre su entrenador y Kobe. Su entrenador le dice:

—Kobe, noto que estás jugando mejor. No solamente juegas mejor individualmente, sino que juegas mejor

---
38 aunque - even though

con el equipo. Vas a jugar más en el próximo partido contra los Chicago Bulls. ¡Estás listo!

Kobe no tiene que responder. La sonrisa que tiene lo dice todo.

Epílogo

Kobe tuvo mucho éxito en sus 20 años en la NBA y rompió muchos récords históricos. Después de la NBA, Kobe utiliza sus talentos para alentar una nueva generación de jugadores. Era entrenador para sus hijas y para otras jóvenes. Kobe **fundó**[39] Mamba Sports Academy en 2018.

El 26 de enero de 2020, Kobe, su hija, el entrenador de su hija y cinco personas más **iban en camino**[40] a Mamba Sports Academy en Thousands Oaks, California

---

39 fundó - founded
40 iban en camino - they were on their way

para un partido de básquetbol de las jóvenes, cuando hay un trágico accidente de helicóptero. Todo el mundo **murió**[41] en el accidente. Kobe **tenía**[42] sólo 41 años. Todos están sorprendidos y emocionados. Todos están muy tristes.

El 24 de febrero de 2020, más de 20.000 personas fueron al Staples Center en Los Ángeles, California para despedirse de Kobe. **Había**[43] fans, gente famosa y también estaba su familia. Fue un día muy triste para todo el mundo.

---

41 **murió** - died
42 **tenía** - had
43 **había** - there were

Glosario

A

a - has
abril - April
absolutamente - absolutely
abuelo - grandfather
accidente - accident
actividad - activity
adapta - adapts
adultos - adults
adónde - where
afuera - outside
agradable(s) - nice, pleasant
ahora - now
ahí - there
al - to the, at the
alegría - hapiness
alentar - to encourage
algún - some
allí - there
amable - nice
amigos - friends
amo - I love
antes - before
anuncia – he announces
anunciar – to announce
anunciarlo – to announce it
anuncio - announcement
aplausos - applause
aprendiendo - learning
aquí - here
atención - attention
atleta(s) - athletes
atlético - athletic
aunque – even though
año(s) – year(s)

B

balcon - balcony

básquetbol - basketball
bien - well
bravo - very good
buen - good
buena(s) - good
bueno(s) - good
buon - good
Buongiorno - good morning

C

cada - each
caja - box
California - California
cambiar - to change
camino - I walk
cancha - court
casa - house
cerca - near
chico(s) - boy(s)
ciao - hi
ciudades - cities
claro - of course
clase - class
colegio - high school
come stai oggi - how are you today
comentarios - comments
comienza - he starts
como - like
compañeros - classmates
competencia - competition
competición - competition
competitiva - competetive
competitivos - competitive
completamente - completely
comprende - he understands
comprenden - they understand
comprender - to understand
con - with
conmigo - with me

contenta - happy
contento - happy
continúa - he continues
continúaré - I will continue
contra - against
conversación - conversation
copia - he copies
corre - he runs
cuando - when
cómo - how

D

de - from, of
debo - I must
decide - he decides
decidido - decided
(he) decidido - I have decided
decisión - decision
deja - he stops
del - of the, from the
demasiado - to much
demás - the rest
deporte - sport
despedirse - to say goodbye to
después - after
determinado - determined
día(s) - day(s)
día tras día - day after day
dice - s/he says
diferente - different
difícil - difficult
distinto - distinct
dos - two
durante - during
dónde - where

E

e - and
edad - state
educación - education
el - the
él - he
elección - choice
ella - she

ellas - they
(sin) embargo - however
emocionado(s) - emotional
empieza - he starts
en - in
enero - January
enfrente - in front
enorme - enormous
entiende - he understands
entiendes - you understand
entiendo - I understand
entra - he enters
entre -between
entrena - he practices, he trains
entrenador(es) - coach(es)
entrenamiento - practice, training
entrenando - practicing, training
entusiasmado - enthusiastic
equipo(s) - team(s)
era - s/he was
eres - you are
es - s/he is
esa - that
escucha - s/he listens
escuchando - listening
escuchas - you listen
escuela - school
ese - that
esperan - they wait
esposa - wife
esta - this
está - s/he is
estaba - s/he was
estado - state
Estados Unidos - United States
estadounidense(s) - United Statesian
este - this
esto - this
estoy - I am

estricta - strict
estricto - strict
estudiantes - students
estudiar – to study
está – s/he is
están – they are
estás – you are
esté -
Europa - Europe
evidente - evident
exactamente - exactly
éxito - success
experiencia - experience
explica – s/he explains
explosión - explosion
expresión(es) – expression(s)
extraterrestre - alien

F

familia - family
famosa - famous
famoso(s) - famous
fans - fans
fantástico - fantastic
favorito - favorite
febrero - February
feliz - happy
Filadelfia - Philadelphia
finalmente - finally
fotógrafos - photographers
frente - in front
frustrado - frustrated
fue – he was, he went
fueron – they were
fundó - founded
fútbol - soccer

G

ganar - to win
ganó – he won
généración - generation

general - general
gente - people
gimnasio - gymnasium
graba - he records
gracias - thanks
gran - big
grande - big
grazie - thanks
grita - s/he yells
gritos - cries, yells
gusta - it is pleasing to
gustan - they are pleasing to

H

habla - s/he talks
hablando - talking
hablar - to talk
hablarte - to talk to you
hablo - I talk
había - there was, there were
hace - he does
hacen - they make
hacer - to do, to make
hay - there is, there are
helicóptero - helicopter
hermana(s) - sister(s)
hija(s) - young girl(s)
historia - story
históricos - historical
hola - hello
hombre - man

I

iban - they were going
idea - idea
iglesia - church
igual - equal
impaciente - impatient
importante - important
increíble - incredible

individualmente - individually
inglés - English
inmediatamente - immediately
inteligente - intelligent
interesadas - interested
ir - to go
Italia - Italy
italiana - Italian
italiano - Italian

J

jerga - slang
joven - young
jóvenes - young
jubilarse - to retire
juega - he plays
juegan - they play
juegas - you play
juego - I play
juegues - you play
jugaba - used to play
jugador(es) - player(s)
jugando - playing
jugar - to play
junio - June

L

la - the
las - the
le - to him/her
les - to them
liga(s) - league(s)
listo - ready
llama - she calls
llega - he arrives
llegó - s/he arrived
llora - she yells
lo - him
logra - he achieves
los - the
luego - later
lunes - Monday

M

madre - mother
mamá - mom
mejor - best
mejora - he improves
mejorar - to improve
mejores - best
memorizar - to memorize
menor - youngest
mes(es) - month(s)
mi - my
minuto(s) - minute(s)
mira - he watches, he looks at
mirada - look, glance
miran - they watch, they look at
mirando - watching
mirar - to watch, to look at
miro - I watch, I look at
mis - my
misma - same
momento - moment
movimientos - movements
mucha - a lot
muchas - many
mucho - a lot
muchos - many
mundo - world
(todo el) mundo - everyone
murió - he died
muy - very
más - more

N

nada - nothing
necesitas - you need
necesito - I need
nervioso - nervous
ni - nor
niños - kids
no - no
nombre - name
notas - grades
noto - I notice
nueva - new

O

o - or
observa - he observes
obvio - obvious
ocurre - it occurs
ofertas - offers
oficial - official
oportunidad - opportunity
otra(s) - other, another
otro(s) - other, another
ovviamente - obviously

P

paciencia - patient
padre - father
padres - parents
papá - dad
paquete - package
para - for
parte - part
partido(s) - game(s)
pasa - he spends
pasando - spending
pasar - to spend
paso - I spend
país - country
pedir - to lose
peligroso - dangerous
pensamos - we think
Pensilvania - Pensylvania
periodistas - journalists
permiso - permission
pero - but
personas - people
piensa - s/he thinks
piensan - they think
piense - s/he thinks
pienso - I think
pobre - poor
poco - little
popular - popular
por - for
porque - because
posible - possible

practica - he practices
practicando - practicing
practicar - to practice
práctico - I practice
pregunta - s/he asks
preguntan - they ask
preguntas - questions
prestas (atención) - you pay attention
primer - first
primera - first
primeros - first
problema(s) - problem(s)
profesional(es) - professional(s)
profesor - teacher
pronto - soon
próximo - next
pruebas - tryouts
puede - he can
puedes - you can
puedo - I can

Q

que - that
qué - what
quede - he stays
quieras - you want
quiere - s/he wants
quieren - they want
quieres - you want
quiero - I want

R

realidad - reality
regresa - he returns
regresan - they return
regresar - to return
repite - s/he repeats
responde - s/he responds
responder - to respond
rompió - he broke
ropa - clothes
rostro - face

récords - records
ríe - laughs

S

sabe - he knows
saben - they know
saber - to know
sabes - you know
salir - to go out
salta - he jumps
sé - I know
se - himself, herself
secreto - secret
seguir - to follow
segundo - second
seleccionan - they select
selección - draft
ser - to be
seria - serious
seriamente - seriously
serio - serious
si - if
sí - yes
siempre - always
sigue - he continues
silencio - silence
sin - without
sino - but
sobre - about
sofá - sofa
solamente - only
solitaria - lonely
solo - alone
sólo - only
son - they are
sonrisa - smile
sorprendidos - surpises
sorpresa - surprised
soy - I am
su - his
sueño - dream
suficiente - enough
superemocionado - super excited
sus - his, hers

T

talento(s) - talent(s)

talentoso(s) - talented
también - also
tampoco - either
tan - so
tanto - so much, many
tardes - afternoons
te - you
televisión - televisión
ten - have
tener - to have
tengo - I have
tenía - he had
termina - he finishes
ti - you
tiempo - time
tiene - s/he has
tienen - they have
tienes - you have
todas - all
todavía - still, yet
todo(s) - all
todo el mundo - everyone
toma - he takes
tomar - to take
tratar - to try
triste(s) - sad
trágico - tragic
tu - your
tuvo - he had
tú - you

U

último - last
único - only
un(a) - a, an
unas - some
universidad(es) - college(s)
utiliza - he uses

V

va - s/he goes
van - they go
vas - you are going
vayas - you are going
ve - s/he sees
veces - times

ver - to see
verano - summer
vez - time
vida - life
videos - videos
vive - he lives
voy - I am going

Y

y - and
ya - already
yo - I

ABOUT THE AUTHOR

Theresa Marrama is a French teacher in Northern New York. She has been teaching French to middle and high school students since 2007. She is the author of many language learner novels and has also translated a variety of Spanish comprehensible readers into French. She enjoys teaching with Comprehensible Input and writing comprehensible stories for language learners.

Theresa Marrama's books include:

Une Obsession dangereuse, which can be purchased at www.fluencymatters.com

Her French books on Amazon include:

Une disparition mystérieuse
L'île au trésor:
Première partie: La malédiction de l'île Oak
L'île au trésor:
Deuxième partie: La découverte d'un secret
La lettre
Léo et Anton
La maison du 13 rue Verdon
Mystère au Louvre
Perdue dans les catacombes
Les chaussettes de Tito
L'accident
Kobe – Naissance d'une légende (au présent)
Kobe – Naissance d'une légende (au passé)

Her Spanish books on Amazon include:

La ofrenda de Sofía
Una desaparición misteriosa
Luis y Antonio
La carta
La casa en la calle Verdón
La isla del tesoro: Primera parte: La maldición de la isla Oak
La isla del tesoro: Segunda parte: El descubrimiento de un secreto
Misterio en el museo
Los calcetines de Naby
El accidente

Kobe – El nacimiento de una leyenda (en tiempo pasado)

Her German books on Amazon include:

Leona und Anna
Geräusche im Wald
Der Brief
Nachts im Wald
Die Stutzen von Tito

Check out Theresa's website for more resources and materials to accompany her books:

www.compellinglanguagecorner.com

Check out her e-books :

www.digilangua.com

Made in United States
North Haven, CT
25 September 2023